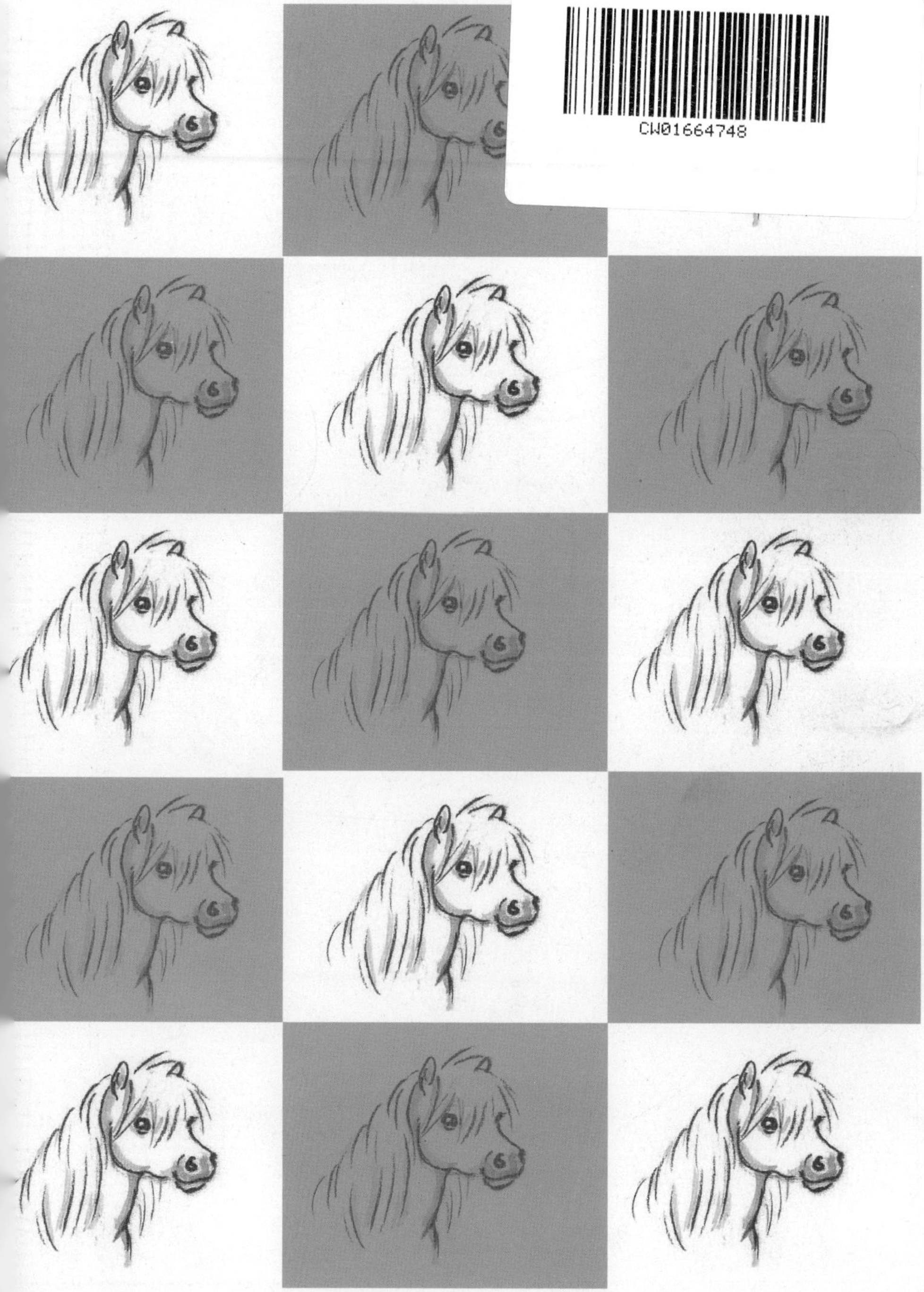

115, rue Saint Dominique – 75007 Paris

Tél. : +33 (0)1 47 05 58 92 / Fax : (0)1 44 18 06 41

oslo.editions@gmail.com

Traduction : Esther Sermage

Mise en page : David Lanzmann

Édition originale : Brobyungarnas shettisar : Alla Alskar Sigge

Première publication en 2006

par Bonnier Carlsen, Stockholm

ISBN : 978-2-35754-000-2

Dépôt légal : juin 2008

Imprimé à Taiwan

LIN HALLBERG & MARGARETA NORDQVIST

Traduit du suédois par Esther Sermage

Tout le monde aime Ziggy !

oslo jeunesse

ELINA ET ZIGGY

JAPP ET AGNÈS

SAM ET MATILDA

HANNA ET MOLLY

Chapitre 1

Elina fait du poney

Elina habite en Suède. Aujourd'hui, c'est la rentrée des classes. Elina est un peu triste parce que la maîtresse de l'an dernier a quitté l'école. Mais c'est bien quand même, parce qu'elle va avoir un enfant à elle. La nouvelle maîtresse se présente : elle s'appelle Anna. Elle demande aux enfants de dire leur nom et de raconter un peu qui ils sont. S'ils veulent. Elle a l'air gentille. Elle fait un signe de tête à Elina quand son tour arrive.

— Je m'appelle Elina et je vais faire du poney pour la première fois mercredi.

C'est sorti de la bouche d'Elina comme un cri de joie. Ça ne lui fait rien que les garçons fassent : « Hou ! », ni que le monde entier sache qu'elle va faire du poney.

— Quelle aventure ! dit la maîtresse.

— Hanna, Matilda et Agnès commencent aussi. Elina montre du doigt ses copines de poney dans la classe.

— C'est sympa de faire du cheval, dit la maîtresse.

Commencer le poney, c'est plus important que la rentrée des classes. Et que la nouvelle maîtresse. C'est la première chose à laquelle pense Elina quand elle se réveille le matin. Et la dernière le soir.

— Pourvu que tu ne sois pas déçue.

Maman soupire. Elle est un peu inquiète. Faire du poney, ce n'est pas facile.

Mais depuis qu'elle a vu les poneys, à la ferme, Elina sait qu'elle va s'entendre avec ces petits animaux à quatre pattes. Ils se promenaient dans un pré, au bord de la route, un jour où Elina et maman passaient en voiture. Elina s'était presque endormie. Elle a sursauté, collé le nez à la vitre et crié :

— Maman ! Maman ! Regarde !

— Des Shetlands, a répondu maman, comme si l'apparition de ces adorables petits chevaux était la chose la plus naturelle qui soit.

— Arrête-toi !
Maman s'est mise à rire, mais elle a fait ce que lui demandait sa fille. Elle s'est arrêtée.

— Je veux les caresser ! a crié Elina.

— Je ne crois pas que tu puisses, a dit sa maman. On n'a pas le droit d'entrer dans un pré pour aller voir des chevaux qu'on ne connaît pas.

— On peut les monter ?
Elina avait toujours le nez collé à la vitre.
— Ça te plairait ?
La maman d'Elina l'a regardée, et Elina a fait oui de la tête, l'air très sérieux.
Elina avait beau chercher, mais rien au monde ne lui faisait plus envie.

Ensuite, Elina et sa maman sont allées à la ferme pour trouver la dame à qui appartenaient les petits poneys.

Elina se tenait derrière maman quand la dame a parlé de ses Shetlands et a raconté comment ça se passait quand on apprenait à monter dans son club.

— Le club est surnommé « Les Galopins ».
La dame s'est tournée vers Elina et lui a souri.

— Mes petits poneys font beaucoup de bêtises, parfois. Ça te dérange ?

— Non, a dit Elina en secouant la tête.

— Mais en fait, le club s'appelle « Poney-club du Petit Galop », dit la dame en riant. Pour l'instant, c'est complet, mais tu peux t'inscrire sur la liste d'attente, si tu veux.

— Tu veux ? a demandé maman, en poussant un peu Elina pour qu'elle réponde.

— Oui, je veux.
Elina regardait timidement la dame pendant qu'elle inscrivait son nom et son numéro de téléphone sur le grand tableau accroché au mur de l'écurie.

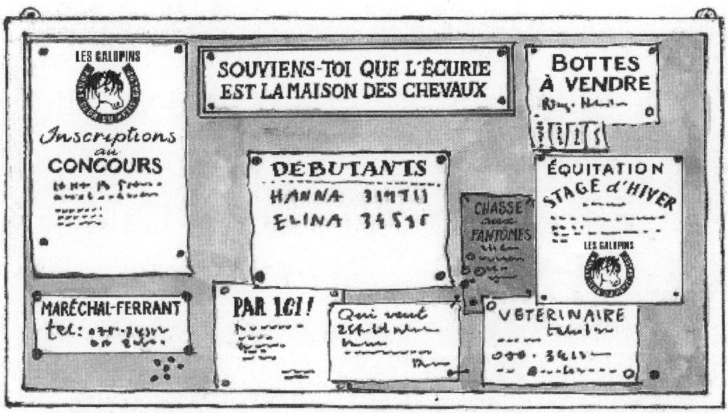

Tout ça s'est passé il y a un an. Ça fait si longtemps qu'elle attend !
Elina serre très fort la main de maman en entrant dans l'écurie. Elle est très bavarde d'habitude, mais cette fois, elle reste muette. Plusieurs filles attendent près de la porte, à l'intérieur. Elina aperçoit les poneys dans un coin. Vus de près, comme ça, ils ont l'air plutôt grands.

— On dirait que tout le monde est là.
La monitrice sourit. Elle leur explique qu'elles sont huit dans le groupe : quatre débutantes et quatre grandes, qui ont déjà l'habitude. Elina regarde discrètement les grandes. Elles ne sont pas là avec leurs mamans, et elles portent des casques.

— Je m'appelle Ingela, dit la monitrice. Ce sont mes poneys, et c'est moi qui vais m'occuper de vous pendant ces trois heures tous les mercredis. Si vous voulez, je vous apprendrai tout ce que je sais sur les chevaux, mais ça prendra du temps.

Quand Ingela dit ça, les grandes rigolent.

— Genre cent ans, dit l'une d'entre elles.

— Je ne sais pas tant de choses que ça, dit Ingela en riant elle aussi.

Ingela dit qu'il est temps que les mamans partent parce qu'elles ont sûrement plein de choses à faire. Elina reste à côté d'Hanna, Matilda et Agnès.

— On va bientôt vous présenter les poneys.

Ingela se tourne vers les petites.

— Mais d'abord, je vais vous faire visiter l'écurie, pour que vous vous y retrouviez.

Au lieu de tourner à gauche vers les poneys, elles descendent un escalier derrière l'ouverture d'une porte.

— Il ne faut pas le prendre avec les poneys, dit Ingela. Les escaliers, c'est un peu compliqué pour eux.

— Pas pour Sam, dit l'une des grandes. Sam sait tout faire, surtout quand il n'a pas le droit.
Ingela soupire, l'air préoccupé, mais les grandes se mettent à rire, ce qui la fait sourire à son tour.

— Vous allez bientôt comprendre ce qu'on veut dire, dit Ingela aux petites. Sam n'arrête pas de faire des bêtises.

À droite en bas de l'escalier, il y a une porte. Ingela l'ouvre et leur montre une salle minuscule qu'elle appelle la sellerie.

— C'est ici qu'on range les selles et les filets qu'on utilise pour monter à cheval.
Ingela explique aussi que c'est dans la sellerie qu'on prend le goûter.

— Les poneys habitent dans leurs boxes, en haut, dans la grande écurie.

Ingela pointe le doigt vers la grande écurie.

— Ici, en plus de la sellerie, il y a la réserve de fourrage et des boxes où on met parfois les poneys, par exemple quand ils sont malades.

Ingela ouvre la porte d'un box pour que les filles y jettent un coup d'œil. Elina trouve que ça a l'air confortable à l'intérieur. Il y a un gros tapis de vieille herbe par terre.

— Les brindilles jaunes sur lesquelles ils dorment, ça s'appelle de la paille, dit Ingela.

— S'il te plaît, Ingela !

Les grandes sont debout dans l'escalier qui mène à la grande écurie, où attendent les poneys.

— On ne peut pas aller voir les poneys, maintenant ?

— D'abord, il faut faire les présentations.

Ingela rit en voyant les grandes soupirer avec impatience.

— Ils nous ont manqué à mort ! soupire l'une des grandes.

— Qu'est-ce que vous en pensez ?

Ingela se tourne vers Elina, Hanna, Matilda et Agnès.

— On va voir les poneys ?

Ingela s'arrête derrière le premier poney du couloir, à bonne distance.

— C'est Nanou.

Le poney qu'Ingela montre du doigt est tout noir.

— Nanou est une jument.

Vous savez ce que c'est ?

— Une fille !
répondent les grandes en chœur.

— Après Nanou, il y a Molly. C'est aussi une jument. Molly aime tous les autres chevaux, mais Nanou n'aime que Molly. C'est pour ça qu'on place toujours Molly et Nanou côte à côte.

Le groupe continue le long de la rangée de croupes. Élina a déjà le tournis.

— Voici Japp. Il est comme Dormeur dans *Blanche-Neige et les sept nains*. Un peu lent, mais très gentil.
Japp a la tête baissée.
Il est noir et blanc. Ingela explique que la couleur de Japp s'appelle « pie ».
Japp ne réagit pas quand Ingela lui caresse la croupe.

— Regardez !
Ingela entraîne Elina, qui se trouve juste à côté d'elle, vers la tête de Japp.

— Tu as vu sa lèvre inférieure ?
Elle fait toucher à Elina l'intérieur de la lèvre de Japp. La lèvre pendouille, toute flasque, et lui donne un air rigolo.

— C'est Japp tout craché, disent les grandes en riant.

— Les poneys sont souvent comme ça quand ils dorment.
Ingela se tourne vers Elina et les autres.

— Tous les poneys ont leurs petites particularités. Vous le remarquerez bientôt. Ils sont aussi différents les uns des autres que le jour et la nuit.

À côté de Japp, il y a un poney tout blanc. Elina ne peut pas s'empêcher de le regarder. Elle entend quelqu'un dire, au loin, qu'il s'appelle Ziggy. Il tourne la tête vers les filles et remue les oreilles quand Ingela parle.

C’est le poney le plus adorable qu’Elina ait jamais vu de toute sa vie ! Matilda est obligée de la tirer par le bras pour aller voir le dernier poney.

— Eh bien !

Ingela sourit en voyant qu'Elina ne peut plus détacher les yeux de Ziggy.

— Je crois qu'on a un cas grave de maladie de Ziggy.

— Tout le monde aime Ziggy au début, disent les grandes.

— Mais ça passe quand il commence à faire des siennes, au moment de le monter, dit Ingela. Pas vrai ?

— Pas pour moi.

L'une des grandes regarde Elina en rigolant. On la surnomme Lisa. Elle s'approche de Ziggy et met le bras autour de son cou.

— Il est un peu sec et nerveux, dit-elle, mais c'est quand même le meilleur.

Pour finir, les filles arrivent derrière Sam. Celui qui fait des bêtises. C'est le frère de Ziggy. Quand elle entend ça, Elina le regarde avec plus d'attention.

Sam est marron et plus petit que Ziggy.

— Sam n'est pas seulement le plus turbulent, dit Ingela, c'est aussi le chef des poneys. À le voir comme ça, dans son box, on ne dirait pas. Il est tellement petit… Mais au pré, personne n'ose le défier, je peux vous l'assurer.

Au moment où Elina veut raconter son après-midi au poney-club, tout sort d'un coup, en vrac.
Maman, papa et sa petite sœur Linnea doivent tout savoir. Les noms des poneys, de quoi ils ont l'air, l'écurie, la sellerie.

— On a eu cours de théorie et on a goûté, raconte Elina. Les poneys d'Ingela viennent des îles Shetland. Mais pas ceux-là.

— C'est de là que vient la race, explique maman.

— Avant, ils travaillaient dans les mines.
Elina a les larmes aux yeux en se souvenant de ce qu'a raconté Ingela.

— Une fois descendus dans la mine, ils ne remontaient plus jamais. En bas, ils devenaient aveugles à force de rester dans le noir.
Ziggy n'aimerait pas du tout ça !

— Ziggy ?

— Je me suis occupée de Ziggy avec Lisa.

Elina regarde maman et papa. Elle a les joues toutes rouges. Ses petites nattes blondes sautillent quand elle remue la tête.

— C'est le plus adorable du monde entier. C'est mon poney préféré.

Chapitre 2

À cheval !

Elina, Hanna, Matilda et Agnès jouent au poney pendant les récréations. Elles comptent les jours jusqu'à mercredi prochain.
Ingela a dit qu'elles monteraient les mêmes poneys quatre fois de suite.
Maintenant, Elina est surnommée « Ziggy », Hanna, « Molly », Matilda, « Sam » et Agnès, « Japp ».
Elles se serrent les unes contre les autres sur les coussins du coin douillet, en classe, et parlent des poneys, aux Galopins.

— Elina et Ziggy vont tellement bien ensemble ! dit Agnès en rigolant. Ils ont les cheveux blancs tous les deux.

— Toi et Japp, vous allez bien ensemble aussi, dit Elina en poussant Agnès du coude. Vous lambinez tous les deux autant.

Ça les fait toutes rire. En plus, c'est vrai. Il faut souvent un siècle à Agnès pour faire des choses toutes simples.

— En tout cas, je ne suis pas noire et blanche, dit Agnès.

Elles rient toutes de plus belle.

Vraiment, ça aurait l'air de quoi ?

Un être humain noir et blanc !

Ensuite, elles essaient de trouver des ressemblances entre les autres filles et leur poney. Matilda et Sam font autant de bêtises tous les deux, et ils ont les cheveux marron. Molly et Hanna sont toutes les deux aussi gentilles, et elles ont les cheveux et les yeux noirs.

Chacune monte son poney préféré.

Elles disent qu'elles ne voudront jamais en changer. Mais elles sont quand même toutes un peu jalouses d'Elina et Ziggy...

Il est tellement mignon !

Le reste de la classe les trouve complètement idiotes. Enfin, parfois, les autres filles jouent quand même au poney avec elles.

— Vous avez déjà galopé ?

Amanda monte depuis très longtemps. Elle a son propre cheval, chez elle.

— Pas encore.

Elina serre les dents. Elle ne dit pas qu'elles ne sont même pas encore montées sur les poneys. C'est pour ce mercredi.

C'était un peu bizarre. C'est seulement en rentrant de l'écurie qu'Elina s'est rendu compte qu'en fait, elles n'étaient pas montées à cheval.

Ingela a dit que c'était important d'arriver à s'occuper des poneys à terre d'abord.

Il y a beaucoup de choses à faire avant de monter.

Elles ont toutes mené leur poney.

Elles sont sorties de l'écurie et ont fait le tour de la cour.

Elina a dû retenir Ziggy de toutes ses forces quand il a eu peur de quelque chose. Il a bondi. Il voulait s'enfuir en courant. Ça faisait peur !

Ce mercredi-là, maman dépose Elina en bas, au bord de la route. Elina a son propre casque aujourd'hui. Il est noir et doux, en velours.

C'est la voisine qui le lui a donné.
Elle en a eu assez de faire de l'équitation.
Quelle folle !
Les grandes et Hanna sont déjà là.
Pendant qu'elles attendent Matilda,
Ingela leur distribue des filets.
Aujourd'hui, elles doivent s'entraider pour
rentrer les poneys du pré.
Il faut aussi savoir le faire.

Elina veut se précipiter vers Ziggy, mais Ingela l'en empêche.

— Si tu cours, il courra aussi, tu peux en être sûre. Il faut se montrer calme avec les poneys.

Quand Lisa et Elina approchent, Ziggy lève la tête. Quand elles arrivent à un mètre de lui, il se retourne et s'en va !

— Ziggy !

Lisa suit en soupirant la queue blanche de Ziggy.

— Il ne veut pas ? demande Elina.

— Il est impossible. Parfois, ça marche, parfois, pas du tout.

— Pas du tout ?

Elina regarde Lisa, les yeux écarquillés. Mais comment vont-elles faire pour monter ?

C'est Ingela qui arrive finalement à attraper Ziggy. Elle a des sucreries dans sa poche. Et ça marche. Au pré, il y a encore d'autres poneys. Ingela les montre du doigt et explique qui ils sont. Samira est la maman de Ziggy et de Sam. Elina la trouve tout de suite sympathique, elle aussi. Parce que c'est la maman de Ziggy. Il y a un peu de bousculade à la barrière. Brusquement, tous les poneys veulent sortir du pré. Ingela chasse ceux qui ne doivent pas venir. Aux grandes filles d'attraper les poneys. Il faut se faufiler très vite devant les autres pour sortir.

Aujourd'hui, elles vont apprendre à curer les pieds des poneys. On doit le faire à chaque fois qu'on va les monter.

— Mettez-vous tout près, dit Ingela. Penchez-vous contre le poney. Comme ça, il perd un peu l'équilibre et c'est plus facile de lui lever le pied.

Lisa montre à Elina comment elle doit glisser la main le long de la jambe de Ziggy.

— Tire sur le fanon.

Lisa attrape les crins au-dessus du sabot de Ziggy et montre le bon geste à Elina.

Elina cure un peu avec le cure-pied, mais il ne se passe rien.

— Plus fort, dit Ingela. Il ne va pas se casser. Il n'y a que le truc au milieu qui doit rester. Ça s'appelle la fourchette. Elle pompe le sang dans le sabot.

Ingela enfonce le cure-pied sous la crasse, et toute la galette se détache d'un coup. Maintenant, Elina voit bien la fourchette triangulaire qui est censée rester.

Le pied de Ziggy sent mauvais.

— Des crottes de pied, dit Lisa.

Elle éclate de rire en voyant Elina froncer le nez.

Lisa et Elina doivent attendre un peu que tout le monde soit là pour seller son poney. Elles s'accroupissent devant la tête de Ziggy. Lisa montre à Elina les endroits les plus doux du museau de Ziggy. Ils sont aussi soyeux que le velours du casque.

— Ziggy adore les bisous.
Elina recule brusquement quand Ziggy essaie de poser son museau sur sa joue, et cela fait rire Lisa.

— Il ne mord pas. Mais il faut quand même faire attention.

Il est enfin temps de seller les poneys et de leur mettre leurs filets. Lisa montre à Elina où sont pendues les affaires de Ziggy. Elina prend elle-même son filet sur le porte-filet. Elle essaie de suivre quand Lisa lui explique comment la selle doit être placée sur le dos de Ziggy. Il faut penser à des centaines de choses à la fois !

Oh là là ! Mais comment va-t-elle arriver à se souvenir de tout ?

Au moment de mettre le filet, même Lisa a des problèmes. Ziggy a décidé de tourner la tête à chaque fois qu'elle essaie d'enfoncer le mors dans sa bouche.

— Ziggy !

Ingela vient à la rescousse. Encore une fois !

— Aujourd'hui, on va monter en carrière.
Ingela se met en tête de la file. Lisa et Elina sont les avant-dernières. Elina marche d'un côté de Ziggy, Lisa de l'autre.
Derrière Elina, Matilda et Linda mènent Sam.
Matilda a l'air crispée. Sam tire dans tous les sens. Apparemment, il a décidé de brouter l'herbe au bord de la route.
De vrais petits fous, ces poneys !
Sans qu'elle ait eu le temps de s'en rendre compte, Elina est déjà assise à califourchon sur Ziggy. Il a l'air différent, vu d'en haut...
Ingela vient aider Elina à enfoncer ses pieds dans les étriers.

— Ça va, comme ça ?
Elina fait oui de la tête. Ça va très bien.
Elle est enfin à cheval !

— Les étrivières ne sont pas un peu trop longues ?

— Je ne sais pas.
Elina rit nerveusement.
Comment pourrait-elle le savoir ?

— Bon, on commence.

Les grandes mènent les poneys. Elina souffle fort quand Ziggy se met à marcher. Elle a tellement peur qu'elle s'accroche à la selle. Elle n'aurait jamais imaginé que ça balancerait autant.

— Détends-toi.

Ingela marche à côté des poneys. Elle commence par Elina.

— Baisse les genoux et les talons.

Ingela lui montre. Elle attrape la jambe d'Elina et tire un peu.

— Tiens-toi droite. Voilà. Bravo ! Maintenant, tu peux lâcher la selle. Tu es bien assise.

Elina n'ose rien dire. Au début, c'est un peu comme de faire du vélo sans tenir le guidon. Mais Ziggy fait des pas très réguliers. Ça ballote, mais elle n'a plus peur.

— Il est bien, hein ?

Elina cligne des yeux, l'air ahuri. Elle rêvassait.

Elle était seule avec Ziggy dans la carrière. Mais maintenant, elle croise le regard de Lisa. Lisa tient la crinière de Ziggy d'une main. De l'autre, elle tient la longe attachée au mors de Ziggy. Comme si Ziggy était à elle. Elina voudrait lui demander de lâcher, mais elle n'ose pas.

— Je vais peut-être devenir son soigneur le trimestre prochain, dit Lisa fièrement.

— Son soigneur ?

— Comme ça, on a le droit de monter tout seul le dimanche. En forêt, par exemple. Mais il faut aider à conduire les débutants tout le samedi. Ça fait beaucoup de travail.

— Moi aussi, je veux être soigneur, chuchote Elina.

— D'abord, il faut apprendre à monter, prévient Lisa.

Je vais apprendre à toute vitesse, pense Elina. Ensuite, je pourrai être le soigneur de Ziggy.

Chapitre 3

Balade en forêt

Mercredi prochain, elles vont faire une petite balade en forêt. Elina, Matilda, Agnès et Hanna en oublient la télévision et les jeux vidéo. Après l'école, elles passent tout leur temps à galoper, dans la forêt derrière chez Elina. Agnès sait très bien hennir.
Elles hurlent de rire quand Agnès fait semblant d'être Molly et appelle les autres poneys.
Elles se curent mutuellement les pieds et utilisent une vieille corde à sauter en guise de filet.

Parfois, elles font comme si elles montaient à cheval. La première fait le poney, la deuxième joue une grande, la troisième monte et la quatrième joue à être Ingela.

— Moi, je fais des économies, maintenant, dit Elina. Quand je serai grande, j'achèterai Ziggy.

— Tu seras trop grande pour lui, dit Matilda.

— Moi, je veux un grand cheval, dit Hanna.

— Je ne sais pas si j'en veux un, dit Agnès. Ça doit être embêtant de curer les pieds tous les jours.

Ce mercredi-là, les copines vont ensemble au club. Elles ont tellement hâte d'y être qu'elles ne tiennent pas en place. La voiture de maman tangue.

— On dirait une bande de sauterelles !
Maman essaie de prendre un ton sévère, mais elle ne peut pas s'empêcher de sourire.

— On n'est pas des sauterelles ! crie Elina. On est des poneys !

— Des poneys très mal élevés, dit maman. Elle jette un coup d'œil à Elina dans le rétroviseur. On voit dans ses yeux que ce n'est pas grave qu'elles chahutent. Maman voudrait bien qu'Elina devienne une vraie cavalière, comme maman l'était elle-même quand elle était petite.

Et voilà qu'elles arrivent !
Les filles bondissent hors de la voiture et grimpent la pente en courant jusqu'à l'écurie. Elles sont tellement pressées qu'elles se jettent à l'intérieur.

— Suffit !

Ingela qui a toujours l'air si gentille…
Tout à coup, elle fait la même tête que quand les poneys du pré essayaient de se faufiler avec ceux qui sortaient. Elina a un peu peur.

— On ne court pas dans l'écurie.
Ingela parle sur un ton très sévère.

— Nous sommes chez les poneys, ici. Ils ont besoin de calme. Ils deviennent nerveux quand on court et qu'on crie.

— Pardon, dit Hanna.

— On n'a pas fait exprès, dit Matilda.

— Maintenant, vous le savez.
Ingela a repris une voix plus gentille.

— On va tout faire en silence, chuchote Elina.

— Pas la peine d'être aussi silencieux que ça.
Ingela leur dit d'aller aider les grandes.
Aujourd'hui, Ingela leur a déjà rentré les poneys, pour qu'elles aient le plus de temps possible en forêt.
Elina se glisse à côté de Lisa et de Ziggy.
Elle a très envie de faire un câlin à Ziggy.
Depuis tout ce temps !

— Vous vous êtes fait gronder ?

Lisa est penchée sur Ziggy, une brosse à la main.

— On ne savait pas, marmonne Elina, les joues toutes rouges.

— Ingela est hypersévère, mais c'est tant mieux. On apprend plein de choses ici. Ingela est supercalée en chevaux.

Les petites suivent comme elles peuvent.
Ingela veut que les poneys soient sellés et bridés le plus vite possible.
Aujourd'hui, Nanou portera le paquetage.
Ingela la selle elle-même. Elle place des sacs sur la selle. Dans les sacs, il y a des thermos de chocolat chaud, des vieilles boîtes de glace avec des sandwiches dedans, et une boîte de gâteaux.
Les petites monteront jusqu'à la halte.
Ensuite, elles laisseront leur place aux grandes, qui retourneront à cheval jusqu'au club. Elles mettent des licols aux poneys, par-dessus les filets, et elles enroulent les longes autour de leur encolure.

— C'est juste pour pouvoir les attacher pendant le goûter, explique Ingela. On ne peut pas les attacher avec le filet. Ils pourraient se faire mal.
En conduisant les poneys dans la cour, elles ont déjà le sentiment de partir à l'aventure.

Elina est un peu inquiète quand Lisa l'aide à se hisser sur le dos de Ziggy.
Ziggy aussi est tendu, impatient de partir. Il ne tient vraiment pas en place quand Lisa veut aider Elina à mettre les étriers.

— Il est excité comme une puce, aujourd'hui.

Lisa est tout occupée à ne pas se faire marcher sur les pieds par Ziggy, qui n'arrête pas de piétiner.

— Ziggy sait qu'on sort en forêt, dit Ingela en venant les aider. Il adore ça.

— Ho, Ziggy !

Lisa gratte Ziggy sous sa longue crinière blanche pendant qu'elles attendent que tout le monde soit prêt.

— Ho, Ziggy ! dit Elina en grattant Ziggy en bas de sa crinière, près de la selle. Cette fois, elle est plutôt contente que Lisa le tienne.

En forêt, Ziggy doit passer le premier. Sinon, il devient nerveux. Ziggy n'aime pas marcher derrière un autre poney en balade.

Lisa mène Nanou et Ingela prend Ziggy.

— C’est bien que tu n’aies pas peur quand il chahute comme ça.
Ingela sourit à Elina.

— J’adore Ziggy, dit Elina sérieusement.

Le groupe grimpe la côte derrière le club. Ingela montre aux filles comment se tenir debout sur les étriers quand elles montent une côte. Comme ça, c'est plus facile pour les poneys.

— Tiens-toi à la crinière.

Ingela montre à Elina comment faire. Elina se concentre de toutes ses forces. Elle voudrait aider Ziggy, mais parfois, ça balance un peu trop.

— Oups !
Elina est gênée car elle a glissé à l'arrière de la selle.
— Ça ne fait rien, dit Ingela.
Tu apprendras vite.
Dès qu'elles sont arrivées en haut de la côte, il faut redescendre de l'autre côté. Cette fois, elles doivent se pencher un peu en arrière et serrer les genoux. C'est plus facile, mais ça fait plus peur. Elle a l'impression que Ziggy disparaît quand il fait un pas vers le bas.

Le chemin mène au lac. Elina reconnaît la baie où sa famille se baigne l'été.

— On va voir si les poneys ont soif.

Ingela conduit Ziggy au bord du lac. Elina n'a pas le temps de cligner de l'œil qu'il est déjà dans l'eau.

— Au secours !

Ingela laisse filer la longe, et l'arrête quand Ziggy est dans l'eau jusqu'aux genoux.

— Pas de danger, dit-elle, je le tiens. Je ne le laisserai pas aller plus loin.

Les autres poneys, eux, restent au bord de l'eau. Ils baissent leur tête jusqu'à la surface et boivent.

Ziggy ne boit pas. Il tire sur sa longe.

— Suffit !

Ingela rit en voyant Ziggy. Comme il ne peut pas aller plus loin, il gratte son sabot dans l'eau. Ça gicle de partout.

— Regardez Ziggy !

Tout le monde rit tellement qu'Elina n'a pas le temps d'avoir peur.

— Il est vraiment maboul, ce petit Ziggy !

Ingela pose le bras autour de la nuque de Ziggy à l'approche de la forêt.

— Ziggy est ton poney préféré ? demande Elina timidement.

— Eh bien... Ingela prend son temps pour répondre. Je les aime tous. Mais c'est vrai que Ziggy est spécial. Il fait fondre tout le monde tellement il est mignon.

Ils marchent sur le sol couvert de mousse, dans la forêt. Elina sait qu'elle ne retrouverait jamais son chemin si les autres la laissaient là. On n'entend que les grincements de la selle et un poney qui s'ébroue de temps en temps. Ça sent le buisson de myrtilles, le sapin et la mousse humide. Elina respire profondément de bonheur.

— La branche à bascule !
Les grandes se mettent à bavarder gaiement.
Le groupe est arrivé à la halte. Lisa montre à Elina la grande branche suspendue en travers du chemin.
Tout à l'heure, elles se balanceront dessus.

Tout à coup, personne n'a plus le temps de s'occuper des poneys. Ils n'ont plus qu'à attendre sagement qu'Ingela s'occupe d'eux, chacun à leur tour. Il faut toujours commencer par prendre soin des chevaux.
Ziggy est un peu impatient au début. Il essaie de tourner autour de l'arbre auquel Ingela l'a attaché. Mais il s'emmêle vite, et bientôt, Ingela doit l'aider à se démêler.
Les cinq petits poneys sont attachés.
Le goûter est servi sur l'herbe et les filles s'amusent avec la grande branche.

C'est tellement agréable ! Elina n'en croit pas ses yeux quand elle regarde autour d'elle. Tant qu'elles ne courent pas près des poneys, elles peuvent faire autant de chahut qu'elles le veulent. Elina reste avec Lisa. C'est comme si on lui avait donné une grande sœur.

— La prochaine fois, on retournera en carrière, dit Ingela aux petites qui se sont assises pour goûter. Il est temps que vous appreniez le trot.

— Tu vas comprendre ce que c'est que de rebondir ! dit Lisa en riant et en chatouillant Elina sur le côté.

— Quand est-ce qu'on galopera ? demande Matilda.

— Il faut d'abord se débrouiller tout seul au trot, répond Ingela.

— Attends voir, dit Linda en rigolant. Linda partage Sam avec Matilda.

— Je n'ai pas peur, dit Matilda.

— C'est un bon début, dit Ingela.

Hanna, qui est plutôt prudente, a l'air inquiète.

— Je ne sais pas si je veux déjà trotter, chuchote-t-elle.

— Ne les écoute pas.

Jenny, la grande d'Hanna, l'attire vers elle.

— Elles font leurs intéressantes. Tant qu'on a Molly, il n'y a pas de danger. C'est le plus gentil des poneys.

Chapitre 4

Qu'est-il arrivé à Ziggy ?

Elina ne parle plus que de Ziggy à la maison. Elle a envie de raconter absolument tout. Elle se met debout au milieu de la cuisine pour montrer comment Ziggy a fait dans l'eau. Sa petite sœur rit tellement qu'elle en tombe presque de sa chaise.

— Moi aussi, je veux monter Ziggy, dit-elle après.

— Tu es trop petite, dit Elina. Il est très désobéissant quand il s'y met.

— Moi aussi, je veux monter Ziggy !

Linnea est fatiguée. Elle ne veut pas comprendre qu'il faut avoir six ans pour faire du poney chez Ingela. S'il y a de la place.

Papa la prend dans ses bras pour la consoler.

— D'abord, tu vas prendre ton bain. Après, tu auras sûrement presque six ans.

Elina a un cheval à bascule chez elle. Maintenant, il s'appelle Ziggy. Mais il est marron. Elle s'entraîne au trot sur lui. Debout, assis, debout, assis. Elle a bien regardé comment faisaient les grandes. Ingela a dit que ça s'appelait le trot enlevé. Pas facile. Même Lisa est retombée dans sa selle plusieurs fois. Et c'était la meilleure. Tous les soirs, avant de s'endormir, Elina pense à Ziggy. Il trotte en dressant ses petites oreilles blanches. Il a l'air tellement content…

Le mercredi suivant, Lisa est en train de brosser Nanou au lieu de Ziggy.
Ziggy est dans l'un des boxes pour les poneys malades, en bas, dans la petite écurie. Il a la tête qui pend et n'a pas l'air content du tout.

— Ziggy s'est blessé au pied, explique Ingela. Il boîte.
Elina reste immobile devant le box de Ziggy. Elle cligne des yeux pour s'empêcher de pleurer.
Ingela ouvre la porte du box et lui montre le pied qui fait mal à Ziggy. Il ne s'appuie pas dessus. Le pied est entouré d'un bandage. Pauvre Ziggy… Il n'est plus le même. Il a de la fièvre. Ses yeux sont tout ternes.

— Il a dû marcher sur un clou ou quelque chose de coupant, dit Ingela en grattant Ziggy sur le front. Ça s'est infecté. Je dois lui faire des piqûres d'antibiotiques tous les jours.

— Des piqûres ?

Maintenant, Elina pleure. C'était avec Ziggy qu'elle devait trotter. Elle ne veut pas monter Nanou.

— Ce sont des choses qui arrivent.

Ingela ferme la porte du box. Elle dit qu'il vaut mieux laisser Ziggy tranquille pour qu'il puisse se reposer.

Elina reste quand même avec Ziggy.

Finalement, Lisa vient la chercher.

Elle prend Elina par les épaules.

Lisa essaie de la consoler.

— Nanou est bien aussi. Elle est gentille quand on la monte. Tu pourras peut-être même la monter toute seule.

— Je devais trotter avec Ziggy.

Les mots sortent de la bouche d'Elina comme des hoquets pleins de chagrin.

— Le principal, c'est quand même qu'il guérisse.

Lisa a parlé sur un ton tellement sérieux qu'Elina sursaute. Qu'est-ce qu'elle veut dire par là ?

— Si Ziggy ne guérit pas, j'arrête le poney, dit Elina d'une voix décidée.

Le chagrin d'Elina est contagieux. Toutes les filles ont la tête basse et sont tristes.

— Ça suffit maintenant !

Ingela a parlé sèchement. Elle se tourne vers Elina.

— Si tu ne montes pas, Ziggy n'en sera pas plus content pour autant. Et ça ne le guérira pas non plus. Il faut savoir monter tous les poneys.

Nanou n'est pas du tout aussi mignonne que Ziggy à câliner. Quand Elina lui caresse le naseau, elle couche ses oreilles en arrière.
— Attention !
Lisa pousse la tête de Nanou juste au moment où elle allait mordiller Elina.

— On l'appelle « le crocodile ».
Lisa ricane en voyant la mine effarée d'Elina.

— Ce n'est pas si grave. Mais elle n'aime pas les câlins. Pas comme Ziggy.

Elina ne dit rien, mais elle trouve quand même que Ziggy a l'air triste quand elle passe chercher le filet de Nanou.

— Il faut que tu guérisses très vite, lui chuchote-t-elle.

Aujourd'hui, Elina doit monter en selle toute seule.

Le pied gauche à l'étrier.

Hop là ! Elina a failli tomber en arrière.

— Mets la main sur la selle, dit Lisa.

Le pied gauche à l'étrier.
La main gauche sur la selle.
La main droite derrière.

Oh là là ! L'étrier est très haut ! Elina retombe plusieurs fois avant d'arriver à se hisser à cheval. Finalement, elle atterrit lourdement dans la selle.

— Heureusement que ce n'est pas Ziggy. Il n'aime pas trop ce genre de choses.

Elina est la dernière de la file. Quand Ingela lui demande si elle n'a pas peur de monter seule, elle fait non de la tête en serrant les dents.

— Nanou est très gentille quand on la monte, dit Ingela. Tu n'auras qu'à suivre.
Nanou se dépêche pour rattraper Molly.
Elina rebondit dans la selle car Nanou a fait une foulée de trot. Tout à coup, la carrière lui paraît immense…

— Pour freiner, vous tendez les rênes.
Doucement. Et tenez-vous droites. Tu vois, Elina ? Nanou a tout de suite compris.
Elina rayonne de joie. Nanou lui a obéi !

Elles s'entraînent à diriger et à arrêter les poneys. Ingela leur dit : « Arrêt ! »
Elles doivent alors toutes s'arrêter.

— La piste a deux côtés longs et deux côtés courts.
Ingela fait un dessin par terre pour qu'elles comprennent.

— On les appelle longueurs et largeurs. Il y a le côté intérieur, vers le milieu de la carrière. Et le côté extérieur, vers la barrière. La rêne du côté intérieur s'appelle « rêne intérieure » et la rêne du côté extérieur, « rêne extérieure ».
Elles essaient. Quand Elina tend la rêne intérieure, Nanou tourne la tête vers Ingela. Quand elle tend la rêne extérieure, son museau se cogne presque à la barrière.

— Quand on tend les deux rênes en même temps, on freine. Ça vous semble difficile ?
Non. Elina secoue la tête. Ça ne lui semble pas difficile.

Elles passent chacune à leur tour. Matilda la première, avec Sam. Elle essaie de l'arrêter, mais les rênes sont trop longues.
Sam continue à marcher.
Ingela l'aide à raccourcir ses rênes.
Ensuite, ça marche.

Elina veut tout faire toute seule. D'abord démarrer. Elle serre les jambes de toutes ses forces, mais on dirait que Nanou s'est endormie.

— Desserre les jambes et serre à nouveau.

Ingela lui montre.

Cette fois, Nanou avance. Elina se concentre très fort. Ingela lui demande de faire tourner Nanou, de venir jusqu'à elle et de s'arrêter.

— Tu vois ? Ça a très bien marché !

— Nanou est très gentille, dit Elina.

Elle rayonne comme un soleil. Après tout, c'est très amusant de monter Nanou aussi.

Au moment de trotter, les rires fusent sur la piste. Ça a l'air vraiment trop drôle !

Elles rebondissent toutes comme des balles de ping-pong. Agnès est même en train de tomber. Elle a glissé aux trois quarts et pend à sa selle lorsque la grande qui l'accompagne arrive enfin à arrêter Japp.

— On va y aller une par une, dit Ingela en riant elle aussi. Comme ça, je pourrai vous surveiller.

Aujourd'hui, elles doivent seulement sentir un peu ce que ça fait. La prochaine fois qu'elles seront en carrière, elles essaieront de faire du trot enlevé. Comme les grandes.

— Ça prend du temps d'apprendre, dit Ingela. Mais une fois qu'on sait, le trot est plus confortable. Ils font des foulées très courtes, ces petits poneys. Voilà pourquoi on rebondit autant.

Elina rit tellement qu'elle a le hoquet quand son tour arrive. Plus Lisa et Nanou courent, plus elle rebondit.
Ingela lui dit de se pencher un peu en arrière et de se tenir à la selle. Là, ça va mieux.

— Encore ! hurlent les petites.
Mais c'est au tour des grandes. Elles aussi veulent monter.
Elina, Hanna, Matilda et Agnès sont appuyées à la barrière et parlent avec Ingela.
Les grandes ajustent leurs étrivières toutes seules. Ça a l'air assez compliqué. Surtout parce que la plupart des poneys ne veulent pas rester en place.
— Je n'arriverai jamais à faire ça, soupire Agnès.
— Attends voir, dit Ingela.
Si on a suffisamment envie de monter, en général, on y arrive.

Quand maman vient la chercher, Elina l'emmène voir Ziggy et Nanou.

— Ziggy est le meilleur, mais Nanou est bien aussi, lui explique Elina.

Puisque maman est avec elle, Elina ose demander si elle aura Ziggy la prochaine fois.

— Il va sans doute falloir un peu de temps avant que le pied de Ziggy guérisse, dit Ingela.

— Combien de temps ?

— Espérons que le médicament fasse bientôt son effet.

Ingela a repris un ton grave. Elina glisse sa main dans celle de maman. Elle n'ose plus rien demander.

Chapitre 5

Ziggy à l'hôpital

Elina n'arrête pas de penser à Ziggy et à ses beaux yeux noirs, qui étaient si ternes et fatigués la dernière fois. Elina insiste jusqu'à ce que maman appelle Ingela pour lui demander comment va Ziggy. Ingela dit qu'Elina peut venir rendre visite à Ziggy si elle veut.

Le samedi, quand maman et Elina ont terminé de faire les courses, elles passent au club. Elina voit que la plupart des poneys sont au pré. Le club est silencieux. Les reprises sont terminées pour la journée.

— Hé ho ! dit maman en passant la tête dans l'écurie.

— Bonjour !

Ingela vient vers elles.

— Elina voulait juste voir comment allait Ziggy.

— J'ai peur qu'il n'aille pas très bien.

Ingela a l'air si soucieuse qu'Elina en est complètement affolée.

— Les antibiotiques ne marchent pas.

— Qu'est-ce qu'on fait, dans ce cas-là ?

Maman et Ingela parlent au-dessus de la tête d'Elina, qui file en douce vers le box de Ziggy.

— Ziggy !

Elina se met sur la pointe des pieds pour regarder à l'intérieur du box de Ziggy. Il est couché. Apparemment, il n'entend même pas qu'Elina est là.

— J'allais justement emmener Ziggy à la clinique, dit Ingela en s'approchant à son tour de son box.

— À la clinique ?

Elina est obligée de poser la question. Qu'est-ce qu'Ingela va faire de Ziggy ?
— Je vais l'emmener à la clinique vétérinaire, explique Ingela. Ils pensent qu'il faut lui donner un autre médicament. Il est tellement malade maintenant qu'ils veulent le garder en observation.

Maman aide Ingela à atteler le van à sa voiture. Ensuite, maman et Elina mettent une bonne couche de paille dans le van pendant qu'Ingela se prépare.

Ziggy sautille sur trois jambes en sortant de l'écurie. Il ne veut pas partir. Elina se met à pleurer quand Ingela le gronde et lui donne une tape sur le côté du plat de la main.

— Ingela est obligée, dit maman. Ziggy doit aller à l'hôpital, et on ne peut pas le porter.

Ziggy met beaucoup de temps à monter dans le van. Maman est obligée de se mettre derrière lui pour le pousser quand il est sur le pont. Une fois qu'Ingela et lui sont dans le van, maman ferme derrière eux.

— Il faut que tu guérisses très vite.

Elina dit au revoir à Ziggy.

Elle caresse son museau tout doux.
Les larmes coulent sur le visage d'Elina et tombent dans la paille.

— J'ai de la chance que vous soyez passées.
Ingela remercie maman pour son aide avant de monter en voiture.

— Ils feront tout pour qu'il guérisse, dit-elle en se tournant vers Elina. Tu le sais, non ?
Elina hoche la tête. Oui, elle le sait.
Évidemment : Ziggy est le meilleur poney du monde.

Maman et papa s'inquiètent pour Elina, qui n'arrête pas de pleurer.
Maman essaie de la raisonner.

— Les animaux tombent malades. Parfois, on ne peut pas les sauver. Le principal, c'est d'en prendre soin. Ingela fait de son mieux pour que Ziggy guérisse.

— Mais il avait l'air tellement triste !
Elina a le hoquet tellement elle pleure.

— Toi aussi, quand tu as beaucoup de température.

— Ziggy a sûrement peur en ce moment.
Soudain, Elina se rappelle comment c'était quand elle est allée à l'hôpital. La fois où elle avait tellement mal au ventre qu'elle en était en larmes. D'abord, le docteur a cru qu'il fallait l'opérer. Une histoire d'appendice à enlever. Mais Elina a guéri toute seule, cette fois-là. Et maintenant, elle pleure parce que le docteur a failli découper un trou dans son corps...

— Les animaux ne pensent pas tout à fait comme nous, dit maman. On prend sûrement bien soin de lui.

Ce lundi-là, Elina rencontre Lisa dans la cour de l'école. Lisa écarquille les yeux quand Elina lui raconte qu'elle et maman ont aidé Ingela à charger Ziggy dans le van.

— C'est seulement parce que vous êtes passées par hasard.
Lisa n'a pas l'air d'écouter Elina quand elle lui parle de la clinique et de Ziggy qui arrivait à peine à marcher.

— Dommage que je n'étais là. J'aurais pu les accompagner pour consoler Ziggy.

— C'est moi qui ai consolé Ziggy, dit Elina.
Maintenant, Lisa n'écoute plus du tout. Elle fait un signe aux autres grandes, qui traversent la cour pour les rejoindre. Avec les autres, c'est comme si Lisa oubliait complètement la présence d'Elina. Elle hausse la voix pour leur raconter que Ziggy a été obligé d'aller à la clinique vétérinaire.

— Lisa croit que Ziggy est à elle.
Elina se plaint auprès d'Hanna, Matilda et Agnès.

— Et toi alors ?

Agnès donne un coup de coude à Elina.

— En tout cas, Lisa va devenir son soigneur, dit Matilda.

— Ça ne veut pas dire qu'il est à elle ! proteste Elina.

— Non, mais quand même, dit Agnès.

Cet après-midi-là,
Elina rentre seule de l'école.
Le monde entier l'énerve.
Pourquoi personne ne veut
comprendre que Ziggy et
elle sont faits l'un pour
l'autre ?

Chapitre 6

Les frères

Maman accompagne Elina au club ce mercredi-là. Elina a un peu peur d'Ingela, qui leur parle comme si elles étaient grandes. Elle a peur de ce qu'Ingela va bien pouvoir dire sur Ziggy. Elina se tient derrière le dos de maman quand elles entrent dans l'écurie. Pendant que maman parle avec Ingela, Elina jette un coup d'œil dans le couloir des boxes.
Est-ce une croupe blanche qui dépasse du box de Ziggy ?

Lisa est-elle en train de panser Ziggy ?
Le cœur d'Elina ne fait qu'un bond.

— Ziggy !

— Non, ce n'est pas Ziggy, dit Ingela en prenant Elina par les épaules. Vous devrez changer de poney aujourd'hui aussi. Samira a pris la place de Ziggy.

Ingela accompagne Elina jusqu'à Lisa et Samira.

— Pour l'instant, il faudra se contenter de la maman de Ziggy, dit-elle.

Samira tourne la tête et regarde Elina. Ses yeux sont aussi beaux que ceux de Ziggy. Mais Elina lui trouve l'air inquiet.

— Elle s'en fait pour Ziggy ?

— Ton imagination te joue des tours, Elina, dit Ingela en riant. Les chevaux ne pensent pas comme ça. Samira a oublié depuis longtemps que Ziggy était son poulain. Elle est trop occupée par celui qui va naître au printemps.

— Oh !

Ingela passe sa main sur le dos de Samira. Puis elle la glisse le long de son ventre. Elina remarque maintenant qu'il y a une bosse. Vue de derrière, Samira ressemble à un petit tonneau.

— Où est Sam ?
Matilda est arrivée un peu en retard et cherche Sam, plus loin, dans le couloir. Linda, la grande qui est avec elle, s'occupe de Nanou au lieu de Sam.
Quatre paires d'yeux de petites filles se fixent sur Ingela. Qu'est-ce qui arrive aux poneys ? Que fait-on d'eux ?

Ingela s'accroupit devant les petites.
Les grandes arrêtent de brosser. C'est affreux à quel point tout le monde semble triste, brusquement, et les yeux d'Elina s'emplissent de larmes. Elle cherche la main de maman.
— Ziggy a été très malade.
Ingela rassemble ses forces.
— Il a arrêté de lutter quand il est arrivé à la clinique. Il a dû avoir peur, le pauvre. Il a l'habitude d'être ici avec ses copains.

Les petites se ratatinent et ont soudain l'air encore plus petites. Le cœur d'Elina se remplit du désespoir de Ziggy. Pauvre, pauvre Ziggy !

— Alors mardi, j'ai emmené Sam pour lui tenir compagnie.

Ingela aurait-elle un sourire sur les lèvres ?

— Ziggy a eu l'air de respirer à nouveau. C'était tellement mignon que ça donnait envie de pleurer.

Le couloir paraît soudain plus clair. Dans la voix d'Ingela qui continue à raconter ce qui s'est passé, Elina entend qu'il y a de l'espoir.

— Sam s'est mis à hennir dès qu'il est entré dans l'écurie vétérinaire. Vous savez comment il est, ce petit galopin ! C'était un hennissement du genre : « Qu'est-ce que vous fichez ? Je suis là maintenant ! »

Ziggy s'est levé avant même que Sam arrive à son box. Vous le connaissez, Sam est plutôt gonflé d'habitude, mais en ce moment, il est très gentil avec Ziggy. C'est comme s'il comprenait que Ziggy est malade et qu'il a besoin d'aide. Sam a une patience d'ange avec lui.

À l'heure du goûter, Lisa attrape Elina et l'emmène dans la sellerie. Comme si elle avait complètement oublié ce qui s'était passé dans la cour.

Lisa bavarde gaiement et explique à Elina que Samira est super bien à monter. Les filles sont surexcitées. Maintenant, ça ne fait plus rien que Ziggy et Sam ne soient pas là. Au contraire. Ziggy reviendra sûrement à la maison. C'est le principal. Et Sam est le héros du jour. Matilda et Linda crânent en parlant de lui au goûter.

— C'est le plus petit, mais aussi le plus fort, dit Linda.

— Le plus gentil et le plus patient, dit Matilda fièrement.

— Redites-nous ça la prochaine fois qu'il vous fait tomber, mâchonne Lisa, la bouche pleine de gâteau.

— Ça ne fait rien, dit Linda. Du moment qu'ils reviennent. Sam est tellement mignon quand il rue ! Il ne pense pas à mal.

— C'est le plus mignon du monde, insiste Matilda, qui a quand même l'air un peu inquiète à cause des ruades.

Samira aime qu'on s'occupe d'elle. Quand Lisa lui gratte le ventre, elle tend la lèvre supérieure et la frotte contre Elina, qui est à sa portée.

— Au secours !

Elina a cru que Samira allait la mordre.

— Elle fait ça par gentillesse.

Lisa s'avance et gratte Samira sur le cou pour montrer à Elina qu'il n'y a pas de danger. Elle laisse Samira frotter sa lèvre supérieure contre son pull.

— C'est ce que font les poneys entre eux. Dehors, au pré. C'est comme ça qu'ils se câlinent.

Elina rit très fort en voyant le museau de Samira qui s'allonge. Samira adore vraiment qu'on la gratte.

Ingela parle du poulain de Samira pendant que les filles s'occupent des poneys. Elle leur raconte que la jument porte le poulain dans son ventre pendant onze mois.

Le poulain de Samira doit naître en mai. C'est dans longtemps.

— Samira a déjà eu sept poulains, dit Ingela. Son ventre ne rétrécit presque plus par rapport à la taille qu'il a maintenant. C'est parce qu'il est détendu.

— Mais où sont les autres poulains ?
Les petites regardent Ingela. Où sont les frères et sœurs de Ziggy ?

— On ne peut pas tous les garder, répond Ingela. Sam et Ziggy étaient les premiers. Les suivants, je les ai vendus.

Vendus ?

— Mais tu ne vas pas vendre ce poulain-là ?
On voit bien que les grandes filles en ont déjà parlé avec Ingela. Elle rit en levant les bras au ciel.

— Pas si je vous écoute.

Derrière les fenêtres de l'écurie, il pleut des cordes. Les filles enfilent des vestes et des pantalons imperméables avant d'aller préparer les poneys pour la reprise.

— Ne les sellez pas, dit Ingela. On va monter à cru.

— On a de la chance, dit Lisa. Je ne sais pas s'il y a de sangle assez grande pour le ventre de Samira.

Ingela passe de poney en poney pour aider les petites à monter. Elles attrapent la crinière, tout en bas, là où elle commence. Ensuite elles lèvent la jambe gauche en la pliant en arrière. Ingela la leur attrape et à trois, elles sautent pour monter.

Agnès saute avec tellement de force qu'elle manque d'atterrir de l'autre côté de Japp.

Au dernier moment, elle arrive à attraper la longue crinière de Japp et à se hisser sur son dos.

— Bien joué, dit Ingela.
Agnès sourit fièrement. Ingela arrange son casque, qui s'était mis de travers pendant ses acrobaties.
Au tour d'Elina. Ingela l'attrape par la taille, la soulève et la pose sur le dos de Samira.

— Il y a une chose que Samira n'aime pas, c'est qu'on lui touche la croupe quand on est assis sur elle.

— Il n'y a pas de danger, dit Lisa en voyant qu'Elina a un peu peur. Du moment qu'on le sait.

— Aujourd'hui, on va refaire une petite balade en forêt, dit Ingela. C'est ce qu'on fait d'habitude : un coup en carrière, un coup en forêt. Les poneys ont besoin de changement. C'est important pour éviter qu'ils s'ennuient avec nous.
Ingela marche la première avec Japp.

Ça va beaucoup plus lentement que quand c'est Ziggy qui mène. Mais ça ne fait rien. Elina a l'impression de glisser dans tous les sens sur le dos de Samira. Pour grimper la côte, elle est obligée de s'allonger sur le cou de Samira et de se tenir à la crinière. Sinon, elle glisserait sûrement par terre. Ils suivent une mince bande de terre au milieu de la mousse. Samira ne fait pas très attention. Elle trébuche sur des racines. Lisa la gronde un peu pour qu'elle se réveille.

L'épaisse forêt de sapins s'ouvre. Il ne pleut presque plus. Ils traversent une petite clairière et s'enfoncent à nouveau dans la forêt. Ici, le sol est couvert de feuilles jaunes et rouges. Les branches gouttent un peu quand on les touche. Les sabots de Samira font bruisser les feuilles.

— Vous voulez trotter un peu ?
Ingela arrête la file des poneys. Les petites font oui de la tête. Elles n'ont quand même pas l'air très rassurées.

— On y va lentement, dit Ingela. Tenez-vous à la crinière et penchez-vous un peu en arrière. Les grandes s'arrêteront quand vous le voudrez.

Elina voit Japp se mettre à trotter. Agnès rebondit dans tous les sens. Mais elle rit aussi. Ingela la retient un peu pour l'empêcher de glisser par terre.

Ensuite, c'est au tour de Samira. Elina se prépare au pire. Elle ferme les yeux en les plissant fort.

— Ça marche très bien !
Lisa regarde Elina en souriant quand elle ouvre à nouveau les yeux. Samira trotte et Elina reste assise sur son dos, comme si c'était la chose la plus simple qui soit. Ça ne secoue presque pas !

— Je veux encore trotter !
Elina est toute grisée quand Ingela leur dit de ralentir.

— C'était si amusant que ça ?
Oui, vraiment. Elina est tellement fière... Même si Ingela lui explique que Samira est très facile au trot. Elle lève à peine les pieds.

Elina n'écoute même pas. Elle savoure le moment en se disant que maintenant, elle sait le faire.

Fini, le trot, malgré les protestations.
Les petites doivent descendre et aller au bout du chemin attendre avec Ingela.
Les grandes vont galoper !
Sara est la première, sur Japp. Lisa suit sur Samira, puis Jenny sur Molly et pour finir, Linda sur Nanou.
D'abord, aucun des poneys ne veut s'éloigner d'Ingela. Japp se met à reculer et à faire n'importe quoi. Sara est obligée de lui donner un coup de cravache sur la croupe pour qu'il arrête ses bêtises.
Mais il recommence à mi-chemin.

— Ça suffit, maintenant !
Sara est en colère et sa voix retentit dans la forêt.

— Demi-tour ! dit Ingela.
Les grandes font demi-tour. D'abord, elles partent au trot. Ensuite Ingela crie : « Départ au galop ! »
Les petites jambes des poneys tambourinent sur le sol. Les grandes poussent des cris de joie. C'est la chose la plus amusante qu'Elina ait jamais vue.

En s’endormant, ce soir-là, Elina fait de très beaux rêves. Ziggy est de retour.
Elle est tranquillement assise sur son dos, comme elle l’était sur Samira. Ils galopent et les feuilles mortes tourbillonnent autour des jambes blanches de Ziggy.

Chapitre 7

Jour de chance

Un après-midi, quand Elina sort de classe, maman l'attend au parking.
Elle a emmené Linnéa et la portière est ouverte.
Elina va au centre aéré. Elle est avec Hanna.

— On est mercredi aujourd'hui ?

Elina est obligée de poser la question à Hanna.

— Non, je ne crois pas, répond Hanna. Je n'ai pas pris mon casque.

— Dépêche-toi !

Maman l'appelle en lui faisant signe. Linnéa fait des bonds et rigole comme une folle.

— On a une mission importante.

Maman fait la même tête qu'à Noël, quand Elina et Linnéa ouvrent leurs paquets.

— Mais ils ont fait des gâteaux au centre aéré aujourd'hui !

— Ils en feront sûrement la semaine prochaine aussi. Allez, Elina, viens !

Linnéa fait le tour de la voiture en courant, rapide comme une flèche. Elle monte sur son siège sans même se plaindre.

— J'ai un secret… J'ai un secret… chantonne-t-elle.

Elina doit dire au revoir à Hanna. Maman est dans la voiture. Elle a déjà démarré.

— On est pressées, Elina !

— Ziggy, Ziggy, Ziggy… chantonne Linnéa.

Maman sort du parking de l'école et tourne à gauche.

— Où on va ?

— Ziggy, Ziggy, Ziggy… chantonne à nouveau Linnéa.

— Tais-toi !

Elina pousse Linnéa, qui se met à hurler.

— On lui raconte, Linnéa ?

Maman essaie de distraire Linnéa pour qu'elle arrête de pleurer.

— Tu peux le raconter à Elina. Tu veux ?

— Ziggy va monter dans la voiture, marmonne Linnéa en boudant.

Elina reste muette. Dans quelle voiture Ziggy va monter ? Qu'est-ce qui est encore arrivé ?

— On va aider Ingela.

Maman cherche Elina du regard dans le rétroviseur.

— Sa voiture est tombée en panne juste quand elle devait aller chercher Ziggy et Sam.

Elina n'arrive toujours pas à dire un mot.

— Ingela a trouvé que vous pouviez venir, dit maman. Mais il faut promettre d'être sages et de ne pas vous chamailler.

Elina se penche en arrière et ferme les yeux. Elle se demande si c'est un rêve.

— Linnéa, tu peux me pincer ?

Linnéa le fait volontiers.

— Aïe !

Elina est bien réveillée. C'est la petite fille la plus heureuse qui soit, avec la maman la plus gentille au monde, qui comprend tout ce qu'on ressent quand on fait du poney.

Ingela les attend devant l'écurie. Maman et elle attellent le van à l'arrière de la voiture. Pendant ce temps, Elina et Linnéa restent à l'intérieur.

— Quelle chance que vous ayez pu venir !
Ingela monte devant. L'odeur de cheval se répand dans la voiture.
Elina respire profondément. C'est le bonheur.

— Ce sera un soulagement de ramener ces deux galopins, dit Ingela. Le club n'est pas tout à fait le même sans eux.

— Ces deux galopins !
Elina et Linnéa rient.

— Tu n'es pas d'accord ?
Ingela se tourne vers Elina.

— Ce sont de vrais petits galopins, ces deux frères !
Elina hoche la tête. Oui, elle est d'accord.

— C'est à cause de Ziggy et Sam que le club est surnommé « Les Galopins » ? demande maman.

— En fait, il s'appelle « Poney-club du Petit Galop », répond Ingela. Mais Ziggy et Sam ne sont certainement pas pour rien dans ce surnom.

Elina et Linnea écoutent maman et Ingela en silence sur la banquette arrière. Elles parlent de chevaux. Maman raconte qu'elle avait un poney quand elle était petite et qu'elle aimerait bien se remettre à monter.

— Ça me fait plaisir que les filles aiment ça, dit maman. On t'aiderait volontiers.
À nettoyer les boxes ou à nourrir les poneys.
Si tu as besoin d'aide de temps en temps.

— Tu plaisantes ? dit Ingela en riant. On a toujours besoin d'aide.

Elina n'en croit pas ses oreilles. On dirait que maman et Ingela sont devenues amies. Elina et maman vont-elles se mettre à travailler au club ?

Le soir tombe dehors, mais dans la voiture, il fait chaud. Elina s'est levée tôt ce matin. Maintenant, elle a du mal à garder les yeux ouverts. Elle penche la tête contre la portière. Elle entend maman et Ingela parler, quelque part au loin.

— Elina va devenir une vraie cavalière, dit Ingela. Elle est faite pour l'équitation. Ça se voit tout de suite.

Elina sourit, à moitié endormie. Cavalière, cavalière, cavalière... Le mot fait des tours de manège dans sa tête.

Quand Elina se réveille, la voiture est arrêtée. Le van grince quand maman et Ingela ouvrent le portillon à l'arrière.

— Tu viens avec nous ?

Maman porte Linnéa dans ses bras et chuchote pour ne pas la réveiller.

Elina fait « oui » de la tête et arrive enfin à défaire sa ceinture de sécurité. Bien sûr qu'elle vient.

L'entrée de la clinique vétérinaire ressemble à des portes de garage. À l'intérieur, c'est très propre et ça sent l'hôpital. Enfin, ça sent aussi le crottin.

Il y a plein de chevaux dans des boxes avec des hauts barreaux. L'un d'entre eux tape contre sa porte. Les coups retentissent dans toute l'écurie.

Une fille nettoie un cheval dans une stalle. Le cheval est attaché à de longues chaînes qui font du bruit. Il se jette de tous les côtés pour éviter l'eau.

— Trouillard ! dit la fille en riant.

Ingela s'avance vers un petit guichet et frappe à la vitre.

— Bonjour ! On vient chercher Ziggy et Sam.

La fille du guichet leur sourit.

— On préfère les garder. Ils sont tellement mignons !

— On trouve aussi, répond Ingela. Mais Elina ne me le pardonnera pas si on ne les ramène pas aujourd'hui.

Tous les gens qui travaillent à la clinique sont tombés amoureux de Ziggy et de Sam. Ils plaisantent avec Elina et lui disent qu'elle pourra les ramener quand elle en aura assez d'eux.

La fille du guichet les accompagne jusqu'au box de Ziggy et Sam.

— Les poneys !

Ingela les appelle en approchant du box. Les murs sont tellement hauts qu'on ne voit pas les deux frères, mais quand ils entendent Ingela, ils poussent des hennissements.

— Comme c'est mignon ! dit maman.

Linnéa s'est réveillée. Elle gigote et veut descendre par terre.

— Il ne faut pas courir ni crier, lui dit sévèrement Elina. Ici, c'est chez les chevaux. Ils sont malades et ils ont besoin de calme et de silence.

Ça se voit que Ziggy a été gravement malade. Il a le dos tout maigre et le poil terne et touffu.

— Mon petit Ziggy…

Elina a le droit d'entrer dans le box avec Ingela et la fille qui travaille à la clinique. On a fait tellement de piqûres et d'autres choses horribles à Ziggy qu'il est devenu un peu méfiant.

Il se tient derrière Sam, qui se met tout de suite à fouiller dans les poches d'Ingela.

— Gourmand !

Ingela écarte le museau de Sam.

— Je crois bien que tu as pris de mauvaises habitudes, petit galopin.

Sam a l'air d'avoir mangé toute la nourriture de Ziggy. Ingela dit qu'il ressemble à une boulette de viande sur pattes.

Elina peut rester dans le box pendant qu'Ingela va s'occuper des papiers à signer pour pouvoir emmener les poneys.

Quand les adultes sont sortis du box, Ziggy ose s'avancer vers Elina.

— Ziggy !

Elina pose ses mains des deux côtés de son museau et l'embrasse là où son poil est le plus doux.

Ziggy souffle sa bonne haleine chaude sur sa joue. Quand elle le gratte sous la crinière, il se frotte doucement contre son bras.

— Je crois qu'il t'aime bien, dit maman, qui attend en dehors du box.

— Caresser !

Linnea gémit et veut elle aussi entrer dans le box, mais maman est déterminée. Si Linnéa n'obéit pas, elles devront sortir s'asseoir dans la voiture en attendant.

Quand Ingela revient, elle tend le licol de Ziggy à Elina. Incroyable ! On dirait que Ziggy comprend qu'il va enfin rentrer à la maison. Il passe gentiment le museau dans son licol quand Elina le lui tend. En sortant avec Ziggy de l'écurie vétérinaire, elle a l'impression qu'elle va éclater tellement elle est fière.

À ce moment précis, elle est seule avec Ziggy. Rien d'autre ne compte.

— Je vais devenir la meilleure cavalière au monde.

Quand Elina chuchote, les adorables oreilles de Ziggy remuent d'avant en arrière.

— Ça prendra peut-être du temps, mais quand j'aurai tout appris, je deviendrai sûrement ton soigneur. Je te le promets.

VOCABULAIRE

Carrière : Manège extérieur.

Étriers : Supports sur lesquels se posent les pieds des cavaliers.

Étrivières : Courroie à laquelle l'étrier est suspendu.

Filet ou bridon : Il maintient le mors dans la bouche du cheval. Il est composé de plusieurs lanières attachées autour de la tête du cheval.

Licol : Attaches en cuir ou en nylon qu'on met autour de la tête et du cou du poney, pour le promener ou pour le récupérer plus facilement dans un pré.

Longe : Corde ou courroie qui sert à attacher les poneys pour la promenade ou le dressage. La longe est attachée au licol.

Monter à cru : Monter sans selle.

Mors de filet : Il est formé de deux anneaux reliés par une pièce articulée appelé " canon ". Il se fixe au filet ou bridon par les anneaux.

Panser : Panser un poney, c'est prendre soin de lui, le nettoyer, brosser son poil pour en retirer la boue, démêler sa crinière et sa queue, nettoyer avec une éponge humide ses yeux, ses naseaux et ses oreilles.

Rênes : Lanières de cuir fixées au mors et servant à diriger le poney.

Sangle : Bande large de cuir ou de toile passant sous le ventre du poney, qui sert à maintenir et serrer la selle sur son dos.

Soigneur : Un soigneur s'occupe de toute la vie du poney : il le nourrit, le panse, prend soin de ses pieds, et de sa santé en général. Il nettoie l'écurie, les boxes et entretient tout le matériel comme la selle, le licol etc.

Selle

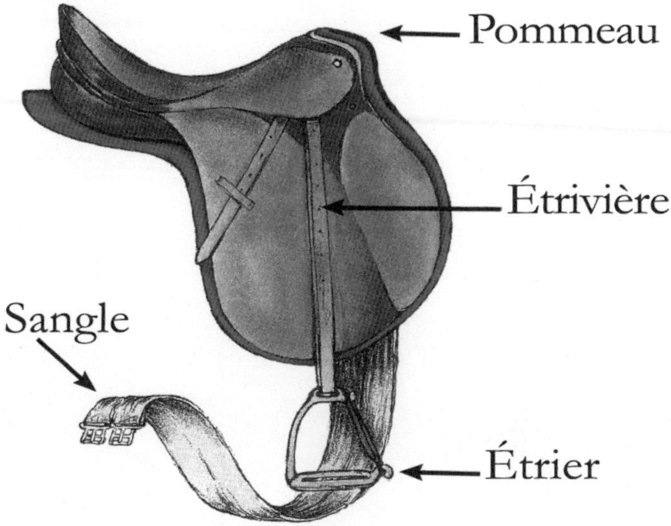
Pommeau
Étrivière
Sangle
Étrier

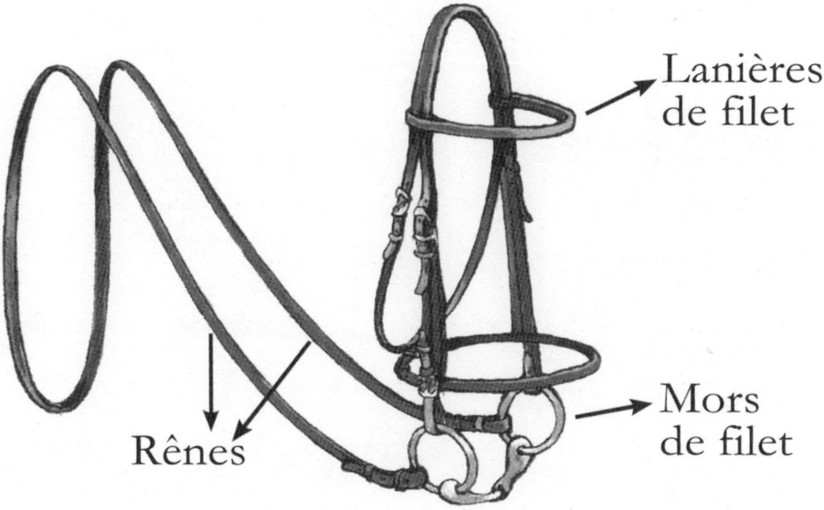
Lanières
de filet
Mors
de filet
Rênes

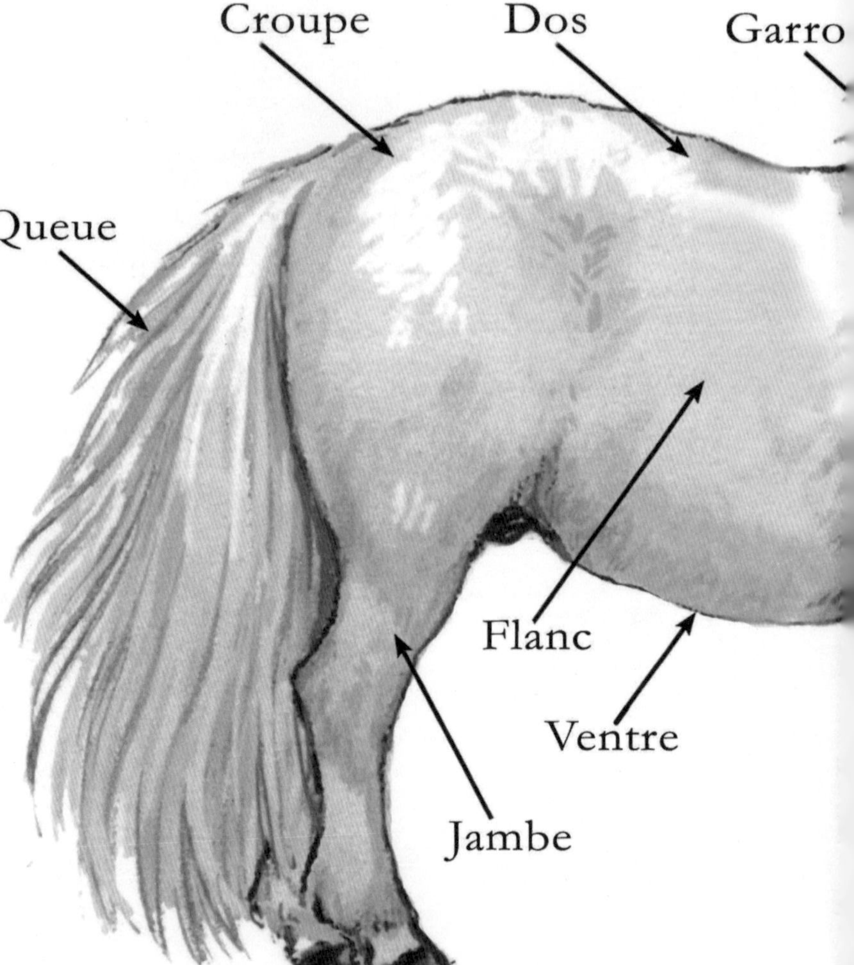
Croupe
Dos
Garro
Queue
Flanc
Ventre
Jambe

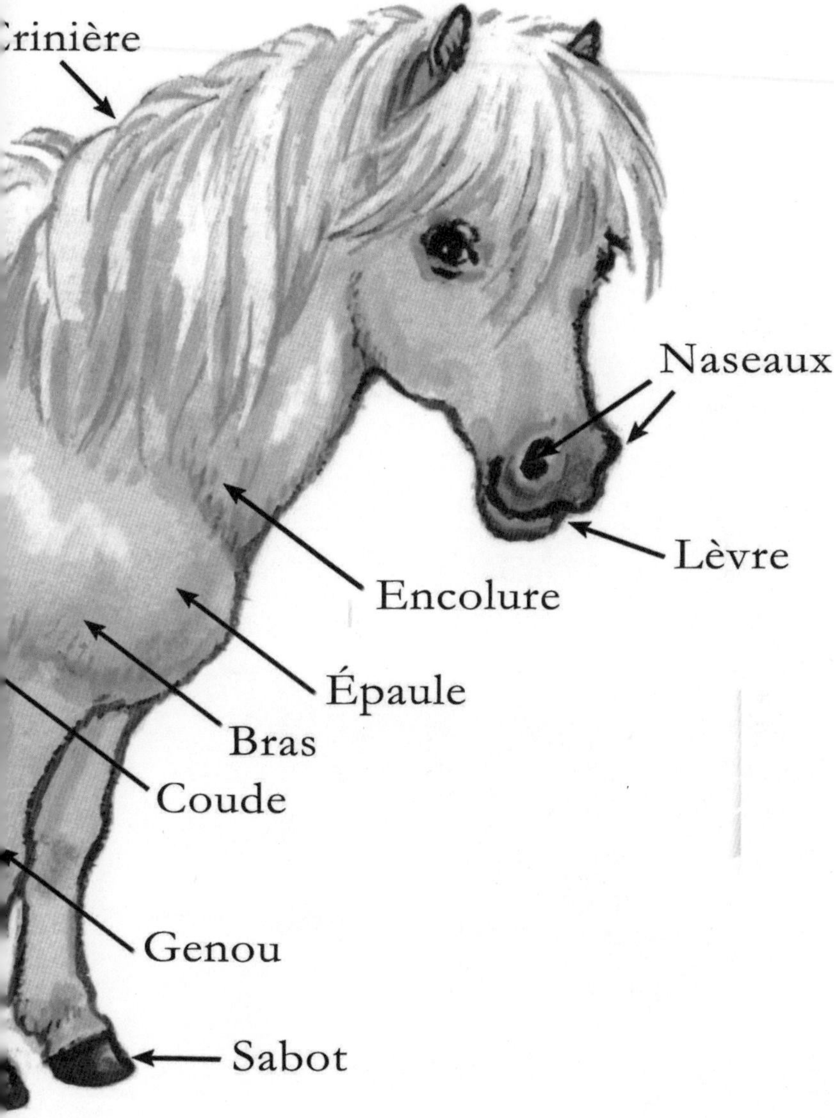
:rinière
Naseaux
Lèvre
Encolure
Épaule
Bras
Coude
Genou
Sabot

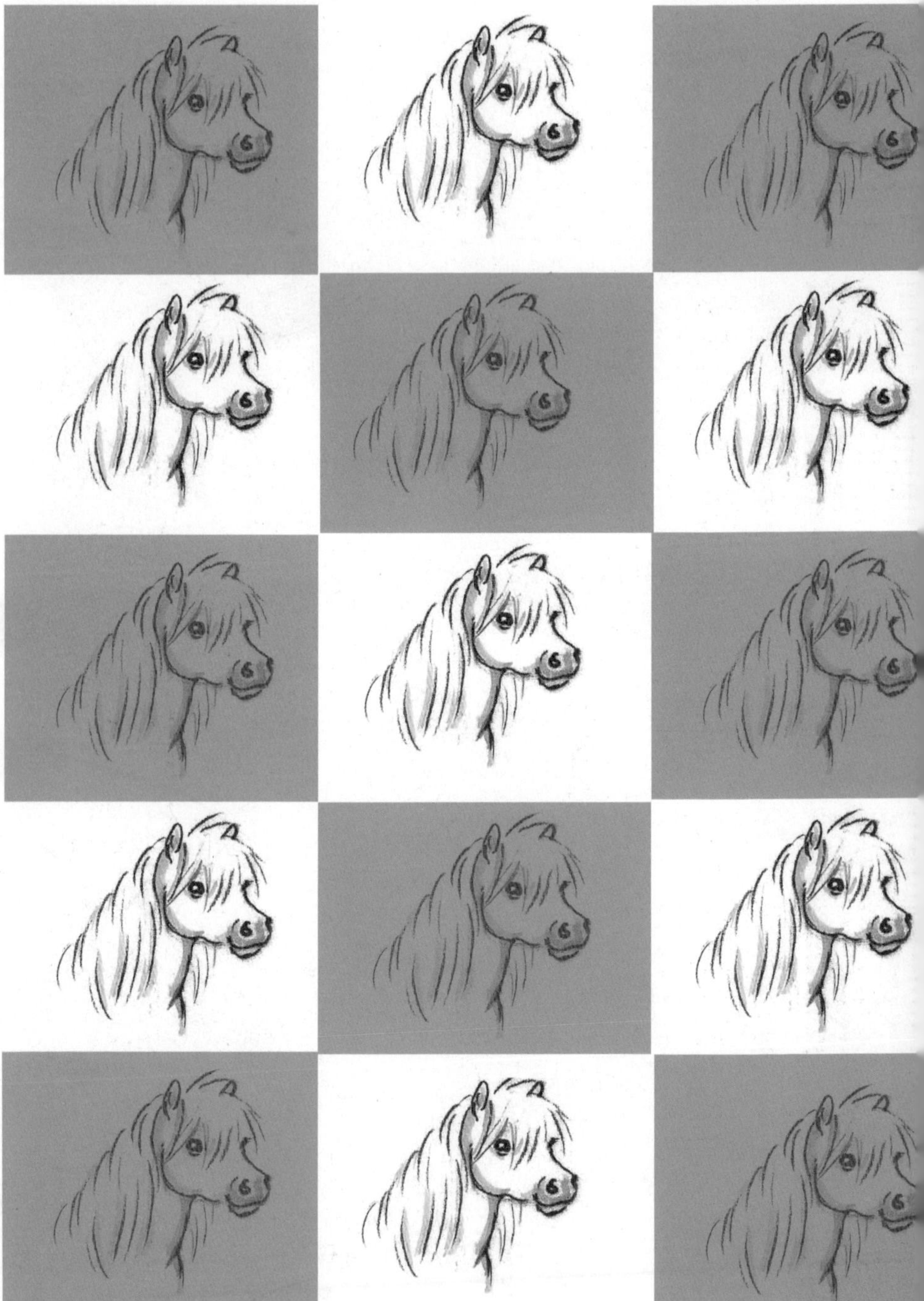